LAPÉROUSE

CONFÉRENCE

FAITE

AU CERCLE CATHOLIQUE D'ALBI

LE 3 AOUT 1875

par E. H. REBOUL

Professeur d'Histoire, Officier d'Académie.

ALBI
Imprimerie ERNEST DESRUE
1875

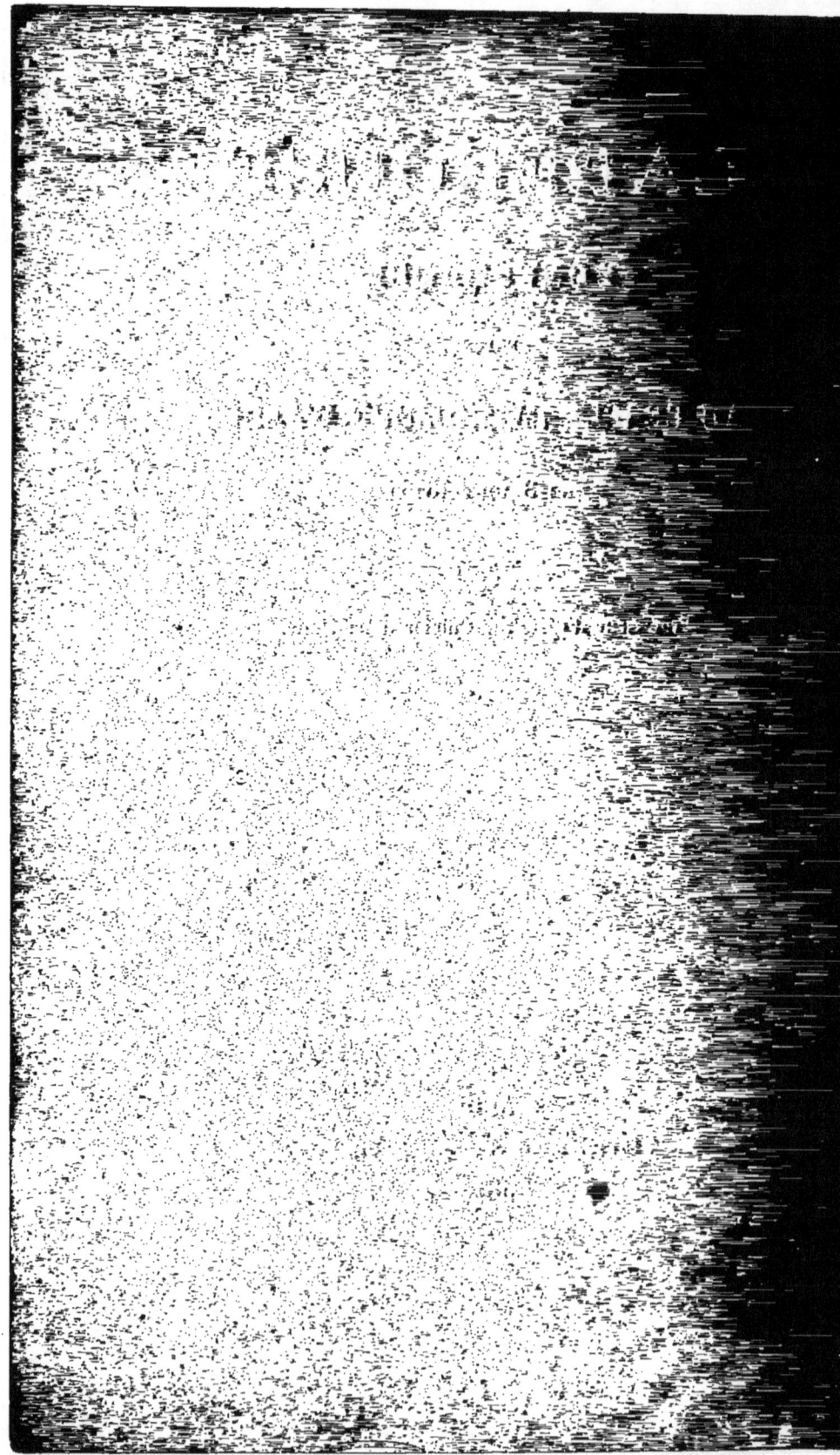

LAPÉROUSE

CONFÉRENCE

FAITE

AU CERCLE CATHOLIQUE D'ALBI

LE 3 AOUT 1875

par E. H. REBOUL

Professeur d'Histoire, Officier d'Académie.

ALBI

Imprimerie ERNEST DESRUE

1875

Des amis bienveillants, trop indulgents peut-être, m'ont engagé à livrer à l'impression la Conférence que j'ai faite, mardi soir, au Cercle catholique d'ouvriers, sur notre infortuné Lapérouse. Je n'aurais jamais consenti à livrer au public une modeste causerie de famille, si la pensée ne m'était venue de l'offrir aux victimes de l'inondation des 23 et 24 juin. Je m'estimerai heureux si cette nouvelle obole peut contribuer à adoucir quelques souffrances ; rien ne serait d'ailleurs plus conforme aux généreuses aspirations de Lapérouse.

J'espère donc que la sympathie excitée par les services et l'infortune de notre illustre navigateur, que la pensée de voir la victime des vagues du Grand Océan tendre une main amie aux victimes des ondes furieuses de la Garonne, me serviront d'excuse et ménageront à ces quelques pages une faveur à laquelle il eût été, sans cela, téméraire de prétendre.

Albi, 5 Août 1875.

LAPÉROUSE

CONFÉRENCE FAITE AU CERCLE CATHOLIQUE D'ALBI

Le 3 Août 1875.

Messieurs.

Travail, prière : tels sont les deux conseils qu'une voix éloquente venait, il y a un mois à peine, déposer au fond de nos cœurs. A ces deux mots, qui, bien compris, sont la base de toute éducation morale, permettez-moi d'en joindre un troisième, que je vois aussi gravé sur les murs de cette salle : l'Amour de la Patrie. Un ancien professeur d'histoire ne saurait, vous en conviendrez aisément, passer sous silence le patriotisme. Toutefois, comme depuis quelques années on n'a que trop abusé de ce terme, je crois devoir, avant tout, vous prévenir que jamais sur mes lèvres le mot *patriotisme* n'aura de portée politique. Bien plus, je lui attribue ce soir un sens fort restreint, je le circonscris dans d'étroites limites, puisque, au lieu de vous entretenir de notre France, je ne veux causer avec vous que de notre bonne ville d'Albi. Parler avec affection à des enfants de leur mère, c'est avoir déjà conquis leur sympathie.

Mais que vous dirai-je, Messieurs ? Remonterons-nous jusqu'aux origines les plus reculées de notre cité ? La suivrons-nous pas à pas, libre d'abord, puis sous la domination romaine, et plus tard sous celle des Francs ? Etudierons-nous son histoire pendant le moyen âge et les temps modernes ? Non, certes ; une seule conférence ne pourrait suffire à un plan aussi vaste, et peut-être, avant qu'il me soit donné de vous entretenir de nouveau, auriez-vous perdu le souvenir de ce que je vous aurais dit. Je me bornerai donc à vous esquisser à grands traits la vie d'un de nos plus illustres devanciers, de celui qui se montra un héros contre les ennemis de la patrie, qui poussa jusqu'au martyre son zèle dans l'accomplissement du devoir, son dévouement pour la science. Vous m'avez prévenu, Messieurs : vous avez nommé Lapérouse.

Vous savez tous que le comte Jean-François Galaup de Lapérouse est né au château du Gô, le 23 avril 1741 ; que Marguerite de Rességuier fut sa mère ; que, parti en 1785 pour explorer les îles encore mal connues du Grand Océan, il est mort sur les récifs de Vanikoro. Mais ce que vous connaissez sans doute moins parfaitement, ce sont les incidents de ce long et dramatique voyage ; c'est surtout sa conduite antérieure comme soldat. L'officier de marine est trop aisément oublié, tant nous nous laissons absorber par le douloureux intérêt qu'excitent les services incontestables et l'infortune de l'intrépide voyageur. Permettez-moi d'essayer, ce soir, de lui rendre justice.

I

Tout gentilhomme, sous l'ancien régime, devait servir sa patrie et son roi. Deux carrières s'offraient à l'héritier de notre vieille aristocratie : celle des armes et la magistrature; Lapérouse embrassa la première et se destina à la marine. Il était encore à l'école navale quand éclata la guerre de Sept ans. Ce fut un beau jour pour lui que le 19 novembre 1756, jour où il reçut et sa nomination de garde-marine (aspirant de 2ᵉ classe) et l'ordre de se rendre sur le *Formidable*; il avait à peine quinze ans. Avec quelle ivresse sa jeune âme s'abandonnait à l'enthousiasme qu'éveillait, au XVIIIᵉ siècle, l'idée d'une guerre contre les Anglais. La haine contre la Grande-Bretagne datait de plusieurs siècles et en vieillissant n'avait rien perdu de son énergie; elle ne devait faiblir qu'après 1830. Au moment dont nous parlons, elle était accrue par l'indignation que soulevait la conduite déloyale du ministère anglais, qui avait laissé lâchement assassiner Jumonville sur les frontières de nos colonies respectives et envoyait l'amiral Boscaven prendre ou détruire, sans déclaration de guerre, notre marine marchande. Elle était enfin si profonde, que, dussiez-vous avoir de la peine à me croire, le sentiment légitime produit en nous aujourd'hui par le nom seul de la Prusse ne saurait l'égaler.

Lapérouse n'est cité qu'une fois dans cette guerre, mais il y paraît en héros. — L'équipage du *Formidable* lutte avec une énergie désespérée au triste combat de Belle-Isle (20 novembre 1759). Il soutient le dernier le feu des frégates ennemies et, privé de ses mâts, doit finir par se rendre; notre jeune marin, grièvement blessé, connut donc les tristesses de la captivité. Elle fut loin d'être douce, si nous en croyons ce que les marins du premier empire nous ont dit de l'aimable régime des pontons anglais.

Le traité de Paris (10 février 1763) le rendit à la France et, devenu enseigne le 1ᵉʳ octobre 1764, il alla croiser dans les mers du Bengale et de Chine, où, parmi les navires sur lesquels il fut appelé, nous en trouvons un doublement acquis à l'histoire, la frégate *la Belle-Poule*, qui allait, quelques années plus tard, soutenir une lutte héroïque contre l'*Aréthuse* (17 juin 1778) et qui devait, en 1840, ramener en France les cendres de Napoléon Iᵉʳ.

Appelé au commandement de l'*Amazone*, avec le titre de lieutenant (4 avril 1777), notre jeune officier continuait à sillonner la mer des Indes orientales, quand une nouvelle vint remplir son cœur de joie.

Les colonies d'Amérique s'étaient révoltées contre la Grande-Bretagne; elles avaient proclamé leur indépendance, et le roi Louis XVI, oubliant peut-être que *son métier était d'être royaliste* (je cite ici les paroles de son beau-frère, l'empereur Joseph II), Louis XVI avait résolu de les soutenir. Ainsi donc, on pouvait espérer de prendre une éclatante revanche des malheurs de la guerre de Sept ans; on effacerait la honte du traité de Paris; on humilierait la perfide Albion, et cela en défendant la noble cause de la liberté, cause d'autant plus sympathique au xviiiᵉ siècle, qu'on en ressentait le besoin et qu'on ignorait encore tous les crimes qui devaient se commettre en son nom.

Vous devinez avec quel bonheur notre lieutenant obéit aux ordres qui lui enjoignaient de rejoindre le comte d'Estaing dans la mer des Antilles. L'*Amazone* franchit le cap de Bonne-Espérance et arriva à temps pour prendre part aux combats de Sainte-Lucie (18 janvier 1779), de Saint-Vincent (16 juin), de Grenade, (3 juillet); puis Lapérouse dut agir seul. Nous le voyons alors s'emparer de la frégate *l'Ariel* et peu après, tâche non moins difficile, du corsaire *le Tigre*.

Ces succès attirent sur lui l'attention de ses chefs: il est nommé capitaine le 4 avril 1780; de l'*Amazone*, il passe sur l'*Astrée*, et trois mois plus tard il s'avance avec son collègue Latouche-Tréville vers l'Ile-Royale.

Une flottille anglaise ose leur offrir le combat (21 juillet) ; des six bâtiments qui la composent, deux sont pris, quatre n'ont de salut que dans la fuite. Redescendu vers le sud, il assiste à la bataille des Saintes (12 avril 1782), et c'est la dernière fois qu'il agit sous les ordres d'autrui.

Depuis cette malheureuse journée des Saintes jusqu'à son naufrage, plus déplorable encore, sur les récifs de Vanikoro, on ne le verra relever que de lui-même, et à côté de sa bravoure personnelle, à laquelle nous venons de rendre hommage, nous aurons à constater les qualités si multiples, si rares, d'un officier supérieur. Un dernier fait qui se rattache à cette guerre nous prouve, en le couvrant de gloire, qu'il ne fut pas inférieur à la délicate mission de commandant en chef.

Les Français ne pouvaient oublier la perte récente du Canada, et s'il ne fallait pas songer à recouvrer cette belle colonie, Louis XVI résolut du moins de porter un coup terrible à la puissance anglaise dans l'Amérique du Nord. La politique envahissante de la Grande-Bretagne avait élevé des forts dans la baie d'Hudson, position admirable pour le commerce des fourrures. Lapérouse fut chargé de les détruire. Je pourrais me borner à dire qu'il réussit, mais alors nous ne lui rendrions pas une justice complète. Dans cette expédition, qu'il dirigea en personne, monté sur le *Sceptre*, accompagné de son ami Delangle, devenu son successeur sur l'*Astrée*, il se montra intrépide, révéla son génie observateur et fut heureux, ce dont, hélas! il ne pourra se glorifier toujours. Il fit plus encore : par son humanité, il se concilia l'admiration de ses adversaires.

Il ne s'agissait pas seulement, en effet, de prendre à l'abordage des navires, de détruire des forts ; l'adversaire de l'*Ariel* et du *Tigre*, le vainqueur de l'Ile-Royale avait fait ses preuves. Des difficultés d'un autre ordre se présentaient. Il fallait pénétrer dans une mer peu connue, lutter contre ces énormes blocs de glace que le pôle envoyait en été se fondre dans les eaux de l'Atlantique, et dont le choc eût été bien autrement redoutable qu'une bordée de l'inexpugnable rocher de Gibraltar. Ces blocs de glace, il les évite. Parti le 31 mai du cap Français, il arrive dès les premiers jours de juillet au détroit d'Hudson, et, soupçonnant d'inexactitude la carte tracée de l'île de la Désolation, située au milieu de l'étroit passage, il en fait le tour, il la décrit, avec cette précision qu'atteignirent rarement depuis, que ne dépassèrent jamais nos voyageurs modernes. Cette satisfaction donnée à la passion des découvertes géographiques, il songe à son devoir. Il arrive le 3 août en vue des forts, il les attaque, les prend, les rase, emmène sur ses frégates les gouverneurs prisonniers. A l'entendre prescrire de ne rien épargner de ce qui faisait la force de la nation anglaise dans ces parages, de ce qui constituait la fortune de la Compagnie de la baie d'Hudson ; à le voir longer lui-même les côtes sinueuses de la baie pour s'assurer que rien n'échapperait à son arrêt de mort, qui ne l'eût accusé d'une froide barbarie? Suspendons notre jugement, Messieurs, nous avons vu agir l'officier supérieur de la marine française ; étudions la conduite de l'homme.

Tout est détruit, à peine quelques vestiges indiquent-ils l'endroit où s'élevaient naguère les forts du prince de Galles et d'York. Le temps presse, il faut mettre à la voile, à moins qu'on n'aime mieux courir la chance de rester captifs pendant six mois. Il va donner les derniers ordres, quand il apprend que des colons anglais ont fui dans les bois. Que vont-ils devenir? Les laissera-t-il scalper par les Indiens ou dévorer par les ours? Non. — S'il a fait à la marine britannique une guerre sans pitié, il ne croit pas qu'il lui soit permis d'étendre cette froide proscription à tous les enfants de notre vieille ennemie. Il s'émeut à la pensée d'abandonner sans secours des colons inoffensifs, des femmes, des enfants peut-être? Il laisse des vivres, il laisse même quelques armes à ces exilés volontaires de la mer Boréale qui ont préféré les périls de la vie des bois à la honte de la servitude. Il sauva leurs jours, et l'Angleterre et l'Europe entière apprirent avec un étonnement mêlé d'admiration comment l'officier français, le gentilhomme albigeois entendait venger le meurtre de Jumonville, punir les déloyales pirateries de l'amiral Boscaven.

Un an plus tard, la paix était signée à Versailles (3 septembre 1783). Que deviendrait notre marine? Qu'allait faire notre capitaine? Végéterait-il dans la vie oisive des ports? Rentrerait-il à Albi couvert de gloire, et là, se promenant sur les rives du Tarn, contemplerait-il avec son esprit sagace les orages déjà menaçants d'une révolution politique et sociale, orages que les moins clairvoyants pouvaient dès lors appréhender; et se préparerait-il à diriger avec prudence sa nef à travers les écueils d'une tourmente révolutionnaire? Je ne sais si de telles pensées vinrent fréquemment assombrir son front pendant son séjour dans sa ville natale; ce qu'il y a de sûr c'est qu'il n'eut pas le temps de s'y arrêter. Un jour (nous ne saurions en préciser la date), il reçut une dépêche ministérielle et partit. — La Providence lui tenait en réserve d'autres orages et d'autres écueils.

II

Ce n'était pas assez pour Louis XVI d'avoir relevé la gloire maritime de notre patrie. Ce prince, aux généreuses intentions duquel on n'a jamais su rendre justice par cela seul qu'il fut malheureux, voulait qu'après avoir reconquis son rang de grande puissance européenne, la France conservât sa royauté sur les intelligences, restât à la tête de la civilisation.

Or, deux choses caractérisaient le mouvement intellectuel au XVIIIe siècle : l'esprit philosophique et la passion pour les découvertes scientifiques. Certes, nous n'avions que trop le premier rang dans le mouvement philosophique, mais la foi sincère de Louis XVI ne pouvait se réjouir de cette coupable supériorité. Celle dans les sciences, affranchie de toute douloureuse responsabilité, était indubitablement et plus utile et plus désirable. Or, la France, pouvait-elle se glorifier de la posséder, quand dans tous les salons de Paris et de Londres il n'était question que des trois voyages de Cook. Il fallait que la France concourût aussi, pour sa part, à la connaissance plus exacte du globe ; qu'elle eût aussi son voyageur, qu'il fût accompagné des plus célèbres représentants de la science.

Dès que le projet du roi fut connu, les demandes assiégèrent la cour de Versailles. Les savants, les marins sollicitèrent à l'envi leur admission. Louis XVI commença par choisir celui entre les mains duquel il remettrait le soin de diriger cette noble et périlleuse entreprise. Or, vous le savez tous, Messieurs, son choix tomba sur Lapérouse.

Pourquoi donc lui plutôt que tout autre ? dira peut-être quelqu'une de ces natures chagrines que blesse, qu'importune la gloire de ses semblables. La réponse est facile : Parce que ses vingt-neuf ans de services avaient révélé tout son mérite. Agé de 44 ans, il avait fait preuve d'un inaltérable dévouement. Les fatigues, il s'en jouait. Son intrépidité, qui l'eût mise en doute ? A la simplicité, à la douceur, il joignait une grande fermeté. De tout temps il s'était concilié l'affection, la confiance de ses subalternes. La plus grande modestie, en ne blessant personne, avait permis de rendre justice à son savoir réel ; et sa dernière campagne avait montré tout ce qu'on était en droit d'attendre de son esprit d'observation. A la demande de Lapérouse, le roi lui donne pour second son ami le brave capitaine Delangle. Deux frégates, la *Boussole* et l'*Astrolabe*, sont désignées pour recevoir ces martyrs de la science, dont quelques-uns, comme le savant Lamanon, comme les officiers Delaborde et de Montarnal, excitent par leur fin dramatique une compassion plus vive que leurs compagnons, non moins malheureux cependant. Un autre, le seul auquel il fut donné de revoir la France, est également resté célèbre, soit à cause de son bonheur exceptionnel, soit à cause de son nom : c'est le jeune de Lesseps, un membre de cette famille unie à jamais au percement de l'isthme de Suez.

En se séparant de Lapérouse, le roi lui fit remettre des instructions annotées de sa main. Dans ce mémoire, qui atteste irrécusablement la science géographique du prince, les règles les plus précises sont données pour tout ce qui concerne le pays à découvrir, les relations commerciales à fonder, la nature des rapports de nos marins avec les sauvages de l'Océanie, les soins à prendre pour conserver à bord une parfaite santé, malgré la longueur de ce voyage fixée à trois ans environ. La dernière phrase de ce mémoire peint l'âme de Louis XVI et mérite d'être textuellement conservée : « *S. M. regarderait comme l'un des plus heureux résultats de l'expédition qu'elle pût être terminée sans qu'il en coûtât la vie à un seul homme.* »

Le 1ᵉʳ août 1785, la *Boussole* et l'*Astrolabe* quittaient la rade de Brest. On eût en vain cherché dans cette compagnie d'élite un de ces voyageurs si nombreux de nos jours, un de ces désœuvrés qui vont en Suisse, en Italie, uniquement parce qu'ils ont du temps à perdre, de l'argent à dépenser ; un de ces lords anglais qui, sans espoir de guérison, vont promener leur ennui dans les cinq parties du monde. Les compagnons de Lapérouse savaient qu'ils allaient affronter la mort ; non sans doute au milieu des glaces du pôle ou des tourbillons du sable du Sahara, comme Parvy, Belot, Mungo-Park, mais au sein des flots, sur des récifs inconnus, sous les avalanches de l'Amérique russe, etc. Ils le savaient ; toutefois, ils espéraient bien lui échapper et jouir alors d'un légitime triomphe en entendant leur nom remplacer ceux de Cook, de Banks dans les salons aristocratiques de l'Europe. Dès le 6 novembre, après avoir touché aux îles Canaries, on arrive au Brésil, où notre judicieux navigateur signale l'amollissement de la race européenne sous un climat voluptueux. Pendant le mois de janvier 1786, les navires longent les côtes de la Patagonie ; le 9 février, ils doublent le cap Horn ; le 24, ils abordent à la ville de la Conception, dans le Chili. Là, les dehors séduisants d'une aimable hospitalité, les fêtes, les danses ne trompent pas les yeux de Lapérouse. Il voit que cette race indocile et abâtardie, dont les chefs répètent sans cesse : « *Dieu est bien haut et le roi bien loin,* » va tôt ou tard échapper à l'Espagne.

Le 9 avril, on aborde à l'île de Pâques, on est en présence des indigènes de l'Océanie. Un jour de halte lui suffit pour rectifier quelques erreurs des précédents voyages, et quand il peint les mœurs douces et par trop libres des Océaniens, quand il nous avertit de leur passion pour le vol, quand surtout il nous parle de la disparition subite des chapeaux, qui force nos compatriotes à braver tête nue le soleil de la zone torride, une gaieté franche, trop rare dans ce voyage, tempère le sérieux ordinaire de ses profondes observations.

Au mois de juin, l'île de Pâques, l'archipel de Sandwich, où venait de périr Cook, sont déjà loin ; nos frégates sillonnent la mer de Behring.

L'exploration des côtes encore vaguement décrites de l'Amérique russe, facilitée par d'amicales relations avec les indigènes, quelque voleurs qu'ils soient, est assombrie par un déplorable accident. Le 13 juillet, 21 Français, victimes de leur imprudence, font naufrage sur des récifs en voulant explorer une baie qui de leur catastrophe prendra le nom de *Baie des Français*. Parmi ces infortunés on cite le jeune parent de Lapérouse, M. de Montarnal, et deux frères, les MM. Delahorde. Lapérouse fit élever dans un îlot au milieu de la baie une simple pierre commémorative avec cette inscription : « *Qui que vous soyez, mêlez vos larmes aux nôtres.* »

Partis de cette baie fatale, nos voyageurs arrivent à Monterey le 14 septembre ; ils sont en Californie. Elle était alors bien solitaire, cette presqu'île qui devait, 60 ans plus tard, voir ses ports encombrés par les navires d'Europe et d'Asie, être témoin de bien des fortunes rapides, de ruines non moins promptes, d'actes inouïs de violence et de désespoir. Ils la quittent sans se douter des trésors qu'ils laissent derrière eux. Le 3 janvier 1787, l'océan Pacifique était traversé dans toute sa largeur et les frégates jetaient l'ancre à Macao, possession portugaise enclavée dans la Chine et sans cesse humiliée par les habitants du Céleste Empire. Dans ce port, Lapérouse songe à se défaire des fourrures qu'il a acquises sur les côtes de l'Amérique russe. Voulez-vous savoir comment l'enfant d'Albi entend le commerce ? Ecoutez son ordre précis et laconique : « *Vendez-les toutes*, s'écrie-t-il, *et souvenez-vous que le profit doit appartenir aux seuls matelots. La gloire, s'il y en a, sera le lot des officiers.* »

Le 9 avril, la *Boussole* et l'*Astrolabe* remettent à la voile et se dirigent vers le pôle nord. Elles vont jusqu'au 7 septembre relever les côtes de l'Asie. Si ces cinq mois doivent être les moins féconds en épisodes, ils seront les plus riches en résultats scientifiques. Aucun navigateur n'est venu depuis rectifier des erreurs commises par Lapérouse. Et quand on songe qu'il eut presque constamment à lutter contre des brumes épaisses, quand on se rapelle tout ce qui a été écrit sur l'aversion des Chinois, des Coréens des Japonais pour les étrangers, on sent quel droit notre voyageur doit avoir à la reconnaissance des savants de toutes les grandes puissances maritimes de l'Europe.

Au terme de ce long trajet, après avoir découvert le canal de la Boussole, les frégates arrivent à la presqu'île Avatcha. Les autorités russes accueillent nos marins avec une cordialité charmante.

Bientôt arrivent des nouvelles d'Europe, il est permis de causer du pays natal sur la terre étrangère. Au milieu des lettres venues de France, il s'en trouve une revêtue du cachet du ministère de la marine ; elle apprend à Lapérouse qu'il est nommé chef d'escadre depuis le 2 novembre 1786.

En réponse à cette faveur, je devrais dire à cet acte de justice, Lapérouse envoie à Versailles la relation de son voyage. Le jeune de Lesseps, le seul qui devait survivre, est chargé de ce précieux dépôt, qu'il remettra fidèlement au ministère de la marine après avoir traversé en diagonale tout l'ancien continent de la mer de Behring jusqu'à Paris.

Nous touchons au terme de ce voyage. Les deux navires quittèrent Pétropoulof le 30 septembre ; ils se dirigeaient vers la Nouvelle-Hollande, et se proposaient de s'y rendre non plus en longeant les côtes de l'Asie, mais en s'aventurant au milieu du Grand-Océan. Un seul et douloureux épisode vient rompre la monotonie de cette longue course de Pétropoulof à Botany-Bay.

Au mois de décembre, on découvre l'archipel des Navigateurs : le 11, on jette l'ancre près de l'île de Maouna. En vain Lapérouse veut-il retenir le capitaine Delangle, celui-ci insiste sur la nécessité de renouveler sa provision d'eau fraîche. M. de Lamanon, toujours avide de nouvelles conquêtes scientifiques, veut l'accompagner. Lapérouse, qui se sent retenu à bord pour veiller aux échanges avec les indigènes, leur renouvelle les plus sages recommandations. Hélas ! une autorité moins compétente que la sienne devait l'emporter. Lamanon était un disciple fervent de J. J. Rousseau ; il croyait aveuglément aux maximes les plus hardies du philosophe de Genève. A ses yeux, l'état de nature l'emportait sur la civilisation. « *Soyez tranquille, Commandant*, avait-il répondu ; *les sauvages valent mieux que nous.* » Confiants en l'innocence de ces enfants de la nature, Delangle et Lamanon dédaignent, en abordant, de prendre les plus simples précautions, et au moment où ils achevaient leur provision d'eau fraîche, ils tombent, ainsi que leurs compagnons, sous les coups de ces favoris de Jean-Jacques, qui se préparent à savourer leur chair dans un horrible festin. La douleur de Lapérouse fut indicible. Delangle était son ami. Ne vous attendez pas cependant à voir la vengeance française rivaliser de barbarie avec le cannibalisme polynésien. Laissez-moi vous lire les lignes qu'il écrivit à Paris sous l'impression de cette douloureuse catastrophe, et gardons-en le souvenir, Messieurs, car ce sont les dernières de notre infortuné compatriote. Après avoir épanché toute l'amertume de son âme dans ces quelques mots : « *Je n'aurai donc que des malheurs à vous annoncer!* » il ajoute : « *J'aurais pu les venger en faisant périr les cinq cents environ qui entouraient notre vaisseau pour faire des échanges; mais j'ai cru qu'une pareille barbarie ne réparerait pas notre malheur, ne nous consolerait pas, et il ne peut jamais être permis de faire le mal qu'alors qu'il est absolument nécessaire.* » Ces nobles, ces généreuses paroles sont datées de Botany-Bay, le 7 février 1788. Depuis, on n'eut plus de nouvelles de nos voyageurs. Quand le doute sur leur perte ne fut plus possible, Louis XVI, après avoir témoigné une vive sympathie pour les marins de la *Boussole* et de l'*Astrolabe*, un regret non moins vif de voir s'anéantir cette expédition, qui avait été pour lui l'un de ses derniers beaux rêves, ne put s'empêcher de faire un mélancolique retour sur lui-même et de s'écrier : « *Je vois trop que je ne suis pas heureux.* »

Je m'en voudrais, Messieurs, de vous laisser sur cette pénible impression. Quand nous lisons le récit de la mort de l'infortuné Louis XVI, nous nous sentons émus, puis consolés par ces paroles si connues de l'abbé Edgeworth : « *Fils de saint Louis, montez au ciel!* » Pourquoi n'aurions-nous pas une pensée analogue au sujet de Lapérouse? car lorsqu'il a dû comparaître devant le souverain Juge, il s'est trouvé en présence de Celui-là même qui nous a légué cette sublime et consolante prière : « *Notre Père....., pardonnez-nous comme nous pardonnons.....!* »

III

Les dernières nouvelles de l'expédition avaient déjà trois ans de date quand, à la demande de la Société d'Histoire naturelle, l'Assemblée nationale constituante décréta, le 9 février 1791, que deux frégates se rendraient dans le Grand Océan pour retrouver, secourir et ramener en France ceux des compagnons de Lapérouse qui auraient échappé à la fureur des vagues et pouvaient exister encore sur quelque île déserte, s'ils n'étaient devenus les esclaves d'une tribu polynésienne.

La *Recherche* et l'*Espérance*, commandées par le capitaine d'Entrecasteaux quittèrent la rade de Brest le 28 septembre 1791; ce voyage fut malheureux. De fausses indications éloignèrent d'Entrecasteaux de la route qu'il se proposait de suivre, et lui firent laisser à quelques lieues à peine les trop célèbres récifs de Vanikoro. Des maladies affaiblirent son équipage; lui-même, atteint du scorbut, succomba la 20 juillet 1793, à Batavia. M. d'Auribeau, son successeur, lui survécut à peine; enfin, les nouvelles venues de France consommèrent la ruine de l'expédition en semant au sein des officiers et des matelots de profondes inimitiés politiques. Royalistes et républicains formèrent des équipages distincts; le navire commandé par M. de Rossel, qui avait remplacé M. d'Auribeau, fut capturé par les Anglais, et cet officier ne recouvra la liberté qu'à l'époque du traité d'Amiens. Que devint l'autre ? On l'ignore.

Je devrais à présent, Messieurs, vous entretenir des recherches de Dillon et de Dumont d'Urville; mais, avant de franchir les trente années qui les séparent du voyage de d'Entrecasteaux, je ne puis m'empêcher de causer avec vous d'un curieux document qui, s'il était authentique, jetterait quelque lumière sur la fin de Lapérouse.

Le 14 mai 1794, un capitaine, M. de Grisalva (on oublie d'indiquer et la nation, et le nom du navire), recueillit sur son bord un homme affaibli, presque défiguré, et dont les soins les plus affectueux ne réussirent à prolonger l'existence que dix jours environ. Cet infortuné n'était autre que l'astronome Lepaute-Dagelet, le neveu de Lalande, Des renseignements qu'on parvint à arracher, par intervalles, à son état de souffrance, il résulte que la *Boussole* aurait brûlé en mer le 16 mars 1792, et que l'*Astrolabe* aurait péri, vers le même temps, sur des récifs, à la suite d'un des plus terribles ouragans de la mer du Sud. Lapérouse, avec quelques-uns des siens, avait abordé sur cette terre, qu'il avait nommée l'île du Malheur, il y avait vécu dans de bons rapports avec les naturels jusqu'au jour où il voulut couper du bois et construire un esquif, afin de se soustraire à la douloureuse perspective d'un exil indéfiniment prolongé. Les insulaires, croyant que ces nouveaux venus voulaient détruire leurs forêts, les attaquèrent avec fureur et les massacrèrent.

Admettons-nous comme vrai ce document, que chacun de nous peut consulter à la bibliothèque d'Albi ? Je n'ose me prononcer, Messieurs. Sans doute il a la chance heureuse de se trouver dans une relation du voyage de notre illustre explorateur enrichie de notes de M. de Lesseps et approuvée par lui ; sans doute les débris qu'on a recueillis depuis, et qui tous appartiennent à l'*Astrolabe*, semblent justifier l'hypothèse de l'incendie de la *Boussole*. Mais, d'un autre côté, s'il était authentique, pourquoi les capitaines Dillon et Dumont d'Urville, qui se sont préoccupés de la destinée de Lapérouse, n'en ont-ils pas fait mention, ne fût-ce que pour le combattre ?

Les renseignements fournis par ces deux derniers navigateurs sont moins précis, moins dramatiques, mais il est plus difficile de les mettre en doute. Seulement, quand nous parcourons leurs journaux de voyage de 1826-27, ne sommes-nous pas douloureusement affectés à la pensée que, lorsqu'ils entre-

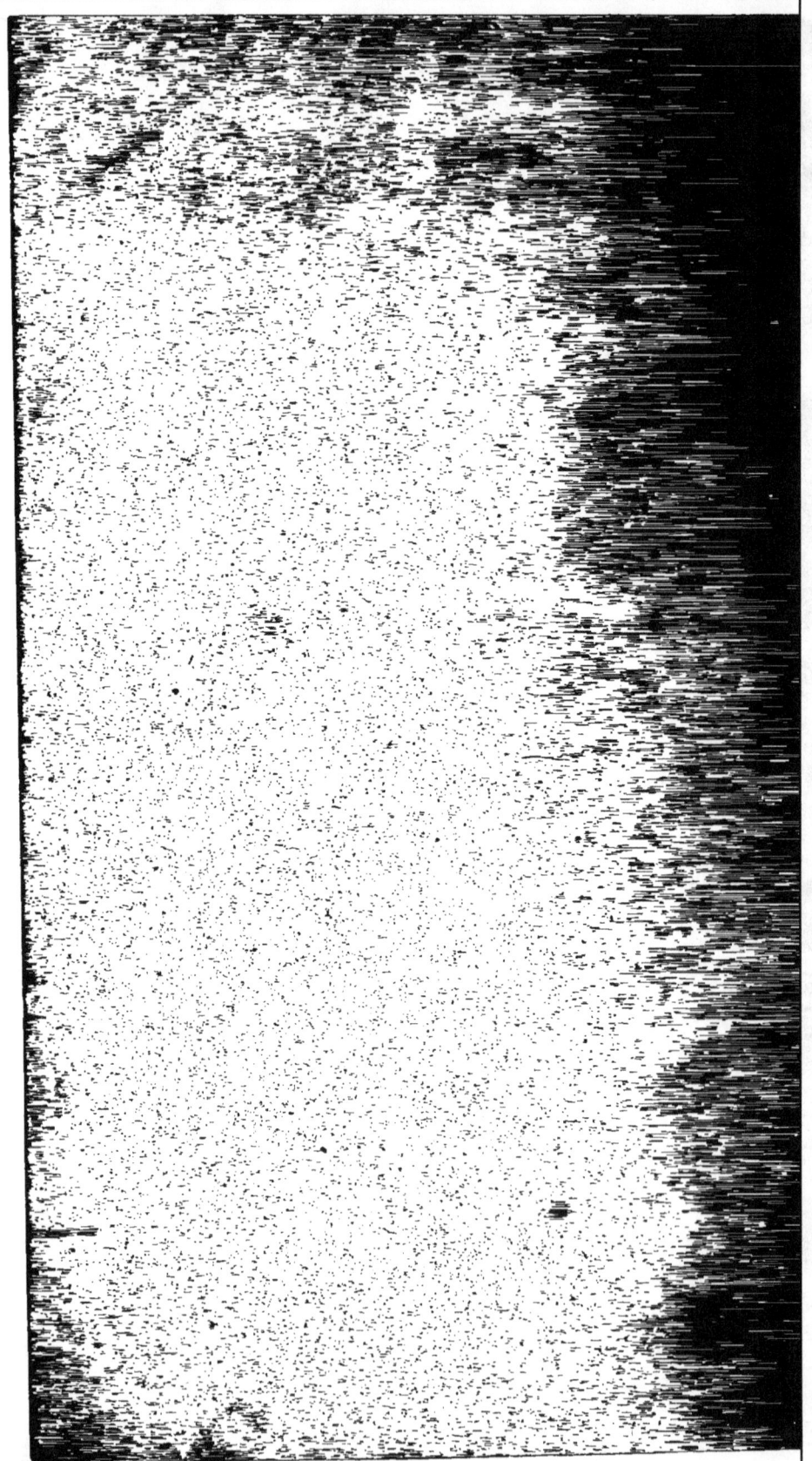

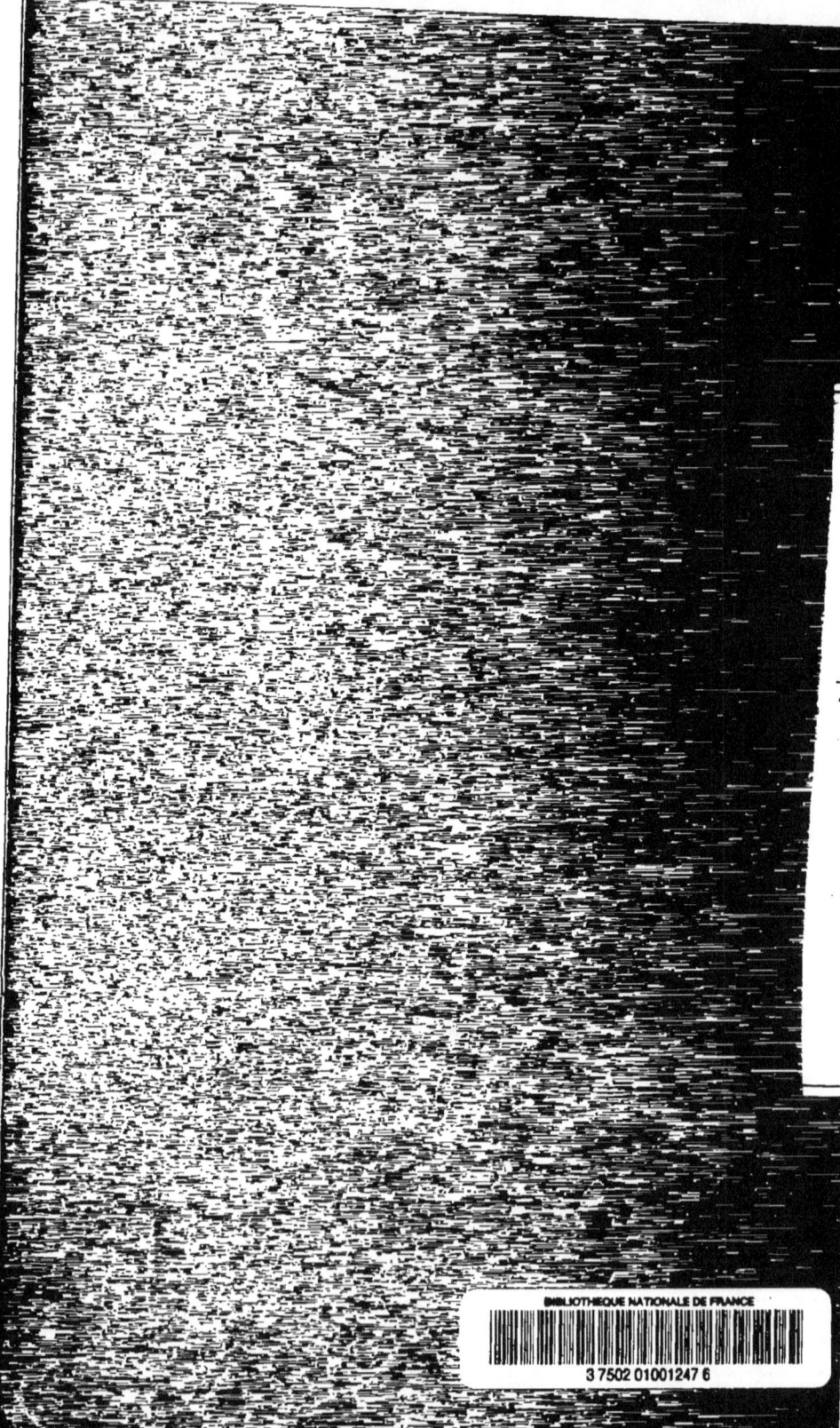

www.ingramcontent.com/pod-product-compliance
Lightning Source LLC
Chambersburg PA
CBHW060600050426
42451CB00011B/2010